알록달록 빛나는 내 마음 꺼내기

마음
행복
연습장
03

워크북

강지현 · 도례미 · 어유경 지음

사회평론아카데미

차례

활동지 01　스노볼 관찰하기

스노볼을 본 적 있나요? 스노볼 안의 눈이 흩날릴 때나 가라앉을 때처럼,

마음도 여러 가지 감정이나 생각으로 혼란스러워지거나 차분해질 때가 있지요?

우리 마음이 언제 혼란스러워지고, 언제 차분해지는지 구별해 봅시다.

어떻게 하면 혼란스러운 마음이 편안해질 수 있을까요?

혼란스러운 마음
- 여러 감정이나 생각들로 어지러운 마음
- 화나 불안 등 강렬한 감정에 휩싸여서 스트레스를 받는 상태

차분한 마음
- 차분하게 가라앉은 마음
- 마음이 정리되고 평안해진 상태

나의 마음이 언제 혼란스러워지고 언제 차분해지는지 생각해 봅시다.

내 마음은 언제 혼란스러워질까?	
내 마음은 언제 차분해질까?	
어떤 활동을 하면 마음이 차분해질까?	

활동지 02 　다양한 호흡놀이

몸과 마음이 연결되어 있는 것처럼, 호흡도 마음과 연결되어 있어요.

그래서 화가 나거나 불안할 때 우리의 호흡을 조절할 수 있으면,

마음의 긴장이나 흥분을 가라앉힐 수 있답니다.

우리 주변에서 볼 수 있는 다양한 대상을 따라서 여러 가지 호흡법을 연습해 볼까요?

악어 호흡법

커다란 악어를 본 적 있나요? 악어가 되었다고 상상해 봅시다. 팔을 길게 뻗고 두 팔을 모아 악어 입처럼 만들어 보세요. 악어가 입을 크게 벌리는 것처럼 두 팔을 벌리며 숨을 들이 마십니다. 그런 다음 눈을 감고 다시 두 팔을 닫으면서 숨을 내쉽니다.

비눗방울 호흡법

비눗방울을 불고 있다고 생각해 보세요. 실제로 비눗방울을 불어도 좋습니다. 원하는 만큼 비눗방울을 만들고 터트려 봅니다. 그런 다음 숨을 크게 들이마시고, 천천히, 길고 가늘게, 차분하게 숨을 내쉬어 봅시다. 조심스럽게 아주 큰 비눗방울을 만들어 봅니다. 비눗방울이 어떤 모양인가요?

비 호흡법

빗속에 서 있다고 생각해 보세요. 천장을 향해 두 팔을 들어 올리면서 숨을 들이마십니다. 잠시 기다렸다가 두 팔을 천천히 내리면서 숨을 내쉽니다. 마치 비와 하나가 된 것처럼 손가락을 흔들어 봅니다.

야구 호흡법

야구 방망이를 들고 있다고 생각해 보세요. 야구 방망이를 휘둘러 공을 칠 준비를 하는 것처럼 숨을 들이마십니다. 그런 다음 야구 방망이를 크게 휘두르고 있다고 생각하며 천천히 숨을 내쉽니다.

나비 호흡법

나비가 되었다고 생각해 보세요. 나비가 날갯짓을 하듯이 팔을 넓게 펴면서 숨을 들이마십니다. 다시 팔을 내리면서 숨을 내쉽니다.

활동지 03 나의 감정 쓰기

우리는 다양한 기분을 느껴요.

우리의 기분은 우리가 처한 상황에 따라 달라지기도 하지요.

우리가 어떤 상황에서 어떤 기분을 느끼는지 살펴봅시다.

화가 나거나 불안하거나
우울할 때는 어떤가요?
나의 몸은 어떻게 느끼는지,
어떤 행동을 하는지 적어 보세요.

기쁘거나 행복하거나
편안할 때는 어떤가요?
나의 몸은 어떻게 느끼는지,
어떤 행동을 하는지 적어 보세요.

최근에 화가 났거나 불안했거나
우울했던 상황을 이야기해 보세요.
어디에서, 무슨 일이, 왜 일어났는지
기억해 보세요.

화가 덜 나도록/덜 불안하도록/
덜 우울해지도록 하기 위해서
그 상황에서 바꿀 수 있는 것이
있었나요?

최근에 기뻤거나 행복했거나
편안했던 상황을 이야기해 보세요.
누구와 함께 했나요?
무엇을 하고 있었나요?

기쁜/행복한/편안한 감정을
느끼는 데 어떤 활동이
도움이 될까요?

활동지 04 기분 방아쇠와 해결책 찾기

무엇이 우리를 화나거나 슬프게 하는지 적어 봅시다.

정답은 없으니, 솔직한 감정을 돌아보면서 그 감정을 느꼈던 상황을 생각해 보세요.

기분 방아쇠 찾기

-
-
-

이제 이 상황에 대한 해결책을 생각해 볼까요?

나의 상황에 꼭 맞는, 나만의 방법을 적어 봅시다.

기분 방아쇠 해결책 찾기

-
-
-

활동지 05 사회적 상황

그림에 나타난 친구가 어떤 상황에 처해 있을까요?

나라면 이런 상황에서 어떤 기분을 느낄까요?

활동지 06 ## 기. 분. 탐. 정

나의 현재 기분이 어떤지 살펴보세요.

그 기분을 느끼기 전에 무슨 일이 있었는지, 그래서 어떻게 행동했는지,

나의 행동으로 어떤 결과가 나타났는지 생각해 봅시다.

기	기분이 어떻지?	
분	분명히 무슨 일이 있었는데…	
탐	탐정처럼 내 행동을 살펴보자	
정	정체를 밝혀라, 결과야!	

최근에 겪은 기분 중 기억에 남는 기분이 있나요? 다시 한번 탐색해 봅시다.

기	기분이 어떻지?	
분	분명히 무슨 일이 있었는데…	
탐	탐정처럼 내 행동을 살펴보자	
정	정체를 밝혀라, 결과야!	

활동지 07 **기분 온도계**

같은 기분이라도 어떤 때는 강하게, 어떤 때는 약하게 느껴집니다.

어떻게 하면 기분을 조절할 수 있을까요?

상황	느낌	행동	결과	기분 온도

상황	느낌	행동	결과	기분 온도

15

활동지 08 # 기분 온도계 만들기

지금-여기에서의 나의 기분이 어떤지, 또는 중요한 사건이 있었던 때 나의 기분이 어땠는지 알아보는 연습을 해 볼 거예요. 표현하고 싶은 기분에 맞춰 온도계 눈금에 표시하거나(1번), 빈 얼굴에 표정을 그린 후 눈금에 표시해 보세요(2번). 기분 온도계의 아래 동그라미 부분에 기분 스티커를 붙인 후 눈금에 표시할 수도 있어요(3번). 자, 이제 나만의 기분 온도계를 만들어 볼까요?

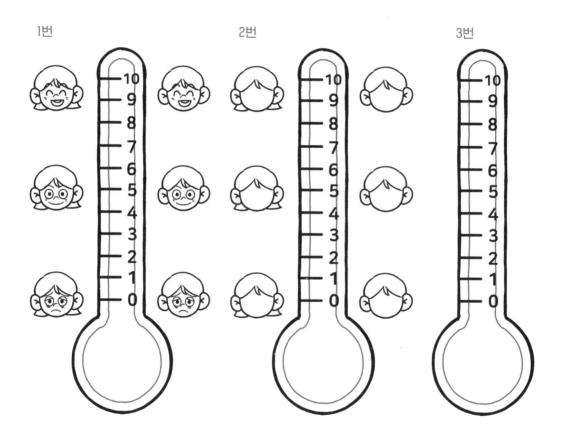

활동지 09 다섯 가지 기분 그림

즐거울 때, 기쁠 때, 슬플 때, 화날 때, 놀랄 때 어떤 표정을 짓는지 떠올려 보세요.

아래 그림의 표정은 즐거움, 기쁨, 슬픔, 화남, 놀람 중 어떤 기분을 나타내는지

적어 볼까요?

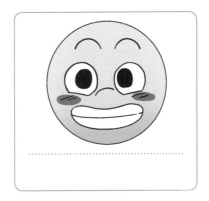

활동지 10 # 다섯 가지 기분 이야기

최근에 즐거움, 기쁨, 슬픔, 화남, 놀람 같은 기분을 느껴 본 경험을 적어 봅시다.

즐거움	언제/어디서?	
	누구와?	
	무슨 일이?	
기쁨	언제/어디서?	
	누구와?	
	무슨 일이?	
슬픔	언제/어디서?	
	누구와?	
	무슨 일이?	
화남	언제/어디서?	
	누구와?	
	무슨 일이?	
놀람	언제/어디서?	
	누구와?	
	무슨 일이?	

활동지 11 날씨 카드

날씨 카드를 보고 날씨별 특징을 살펴봅시다.

우리의 기분을 날씨로 표현해 볼까요?

각각의 기분 날씨에 우리가 어떻게 행동했었는지 이야기해 봅시다.

19

활동지 12 **기분 빙고 게임**

빈칸에 기분을 나타내는 단어를 적어 보세요. 다 적은 뒤에는 친구 혹은 선생님과
번갈아 가면서 적은 단어를 말하고, 적힌 단어가 나올 때마다 동그라미 표시를 하세요.
가로나 세로, 대각선으로 한 줄에 적힌 모든 단어에 동그라미 표시가 되면 빙고입니다.
빙고를 세 줄/네 줄/다섯 줄 만들면 '빙고!'라고 외치세요.

빙고판

<table>
<tr><td></td><td></td><td></td><td></td><td></td></tr>
<tr><td></td><td></td><td></td><td></td><td></td></tr>
<tr><td></td><td></td><td></td><td></td><td></td></tr>
<tr><td></td><td></td><td></td><td></td><td></td></tr>
<tr><td></td><td></td><td></td><td></td><td></td></tr>
</table>

기분 목록

1. 놀란	6. 우울한	11. 슬픈	16. 외로운	21. 억울한
2. 화난	7. 두려운	12. 흥분한	17. 평온한	22. 감격스러운
3. 당황한	8. 불안한	13. 뿌듯한	18. 즐거운	23. 민망한
4. 기쁜	9. 자신감 있는	14. 설레는	19. 걱정되는	24. 반가운
5. 지루한	10. 부끄러운	15. 행복한	20. 짜릿한	25. 재미있는

좀 더 복잡한 기분 빙고판

활동지 13 ## 몸짓으로 기분 알기

우리가 느끼는 기분은 다양해요. 우리는 몸짓으로 자신의 기분을 표현할 수 있고,

다른 사람의 몸짓을 보고 그 사람의 기분을 짐작할 수도 있지요.

그림을 보고 어떤 몸짓이 어떤 기분을 나타내는지 알아맞혀 볼까요?

활동지 14 ## 표정으로 기분 알기

우리가 느끼는 기분은 다양해요. 우리는 표정으로 자신의 기분을 표현할 수 있고,

다른 사람의 표정을 보고 그 사람의 기분을 짐작할 수도 있지요.

그림을 보고 어떤 표정이 어떤 기분을 나타내는지 알아맞혀 볼까요?

....

....

....

....

....

....

....

....

....

....

활동지 15 **기분 카드**

이 책의 부록에 이것과 동일한 기분 카드가 있어요.
절취선에 따라 종이를 잘라 기분 카드를 만들어 봅시다.

감격스러운	걱정되는	겁나는	고독한
고통스러운	괴로운	기쁜	긴장되는
난처한	놀란	답답한	당황한
두려운	만족한	무서운	미안한
미운	민망한	반가운	부끄러운
분노한	불만스러운	불안한	불쾌한
뿌듯한	상쾌한	서운한	섭섭한

설레는	소름끼치는	속상한	슬픈
신경질 나는	실망스러운	심심한	씁쓸한
아쉬운	얄미운	억울한	외로운
우울한	위축된	자랑스러운	자신감 있는
재미있는	절망적인	조급한	즐거운
지루한	짜릿한	짜증나는	찝찝한
초조한	평온한	행복한	혼란스러운
화난	황홀한	후회하는	흥분한

활동지 16 기분의 색깔

기분은 무슨 색인 것 같나요? 각각의 기분과 색깔을 연결해 볼까요?

내가 강렬하게 느꼈던 만큼 사람 그림을 진하게 색칠해 봅시다.

어떤 기분이 있나요?	어떤 색깔일까요?

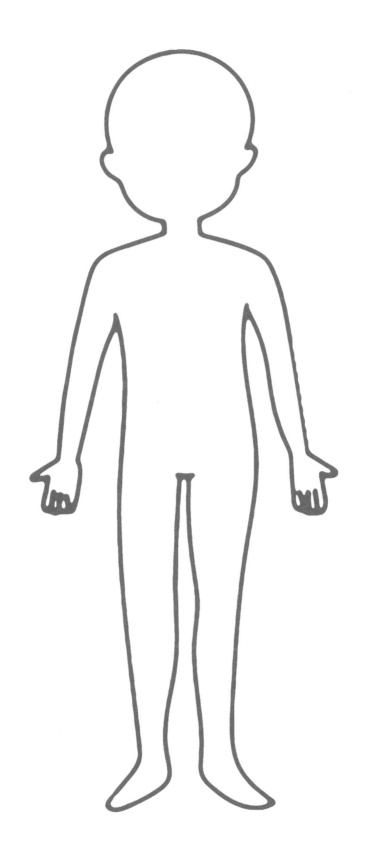

활동지 17 진.주.조.개.다. 알아보기!

우리가 매일 겪게 되는 문제를 효과적으로 해결하기 위한 방법을 알아볼까요?
모래를 품어 진주를 만드는 진주조개처럼 우리 문제도 해결책을 잘 생각하면
만족스런 결과를 가져올 수 있습니다!

진: 진짜 문제가 뭐지?

마음이 불편해졌을 때, 우선 잠시 멈춰 자신의 내면에 집중해 보세요. 자신의 기분이
어떤지, 왜 이런 기분이 드는지 생각해 봅시다.

주: 주도적으로 찾아보자, 해결책을.

도움이 될지, 과연 할 수 있을지 생각하지 말고 일단 다양한 해결책을 찾아요.

조: 조사해보자, 장단점을.

각 해결책의 장단점을 조사할 때는 이런 질문들이 도움이 될 거예요.

- 이 해결책을 사용하면 어떤 결과가 생길까?
- 이 해결책을 정말로 사용할 수 있을까?
- 이 해결책을 사용하면 불편한 내 마음이 편해질 수 있을까?
- 이 해결책 때문에 또 다른 불편함이 생기지는 않을까?
- 이 해결책을 나 혼자 실시할 수 있을까?

개: 개선이 확실한 방법을 고르자.

'조' 단계에 비교한 여러 해결책 중 가장 확실하고 분명한 장점을 가진 해결책을 골라
보세요.

다: 다루어졌는지 결과를 확인하자.

'개' 단계에서 고른 문제 해결책을 실제로 적용해 봅시다. 그런 다음 어떤 결과가
나타나는지 확인해요. 결과가 만족스럽지 않다면 다시 해결책을 찾아 봅니다.

활동지 18 진.주.조.개.다. — 문제 찾기

진.주.조.개.다.를 사용하려면 언제 이 해결책을 적용해야 하는지 알아야 해요.

우리 주변에서 이 방법을 적용해야 할 문제가 무엇인지 한번 찾아볼까요?

우리 마음을 무겁게 하거나 불편하게 하는 일에 진.주.조.개.다.를 적용할 수 있어요!

진: 진짜 문제가 뭐지?

- 엄마가 스마트폰 좀 그만하고 학원 숙제하래요.

-

-

-

-

-

-

활동지 19　진.주.조.개.다. — 맛보기 1

진.주.조.개.다.를 적용할 문제를 찾아봤으니, 이제 문제를 해결해 볼까요?
처음엔 조금 어렵게 느껴질지 모르지만, 계속 연습하면 곧 익숙해질 거예요.

진: 진짜 문제가 뭐지?
친한 친구가 나한테는 생일 축하 파티에 오라고 얘기를 안 한다.

주: 주도적으로 찾아보자, 해결책들을

해결책 1:　나도 생일 파티에 가도 되는지 친구한테 물어본다.

해결책 2:　이번 생일을 어떻게 보낼 건지 물어본다.

해결책 3:　왜 나는 초대하지 않느냐고 따진다.

해결책 4: _____

조: 조사해보자, 장단점을

	장점	단점
해결책 1:	곧바로 초대를 받을 수 있다.	거절당하면 기분 나쁘다.
해결책 2:	자연스럽게 초대받는다.	초대받지 못한다면 섭섭하다.
해결책 3:	속이 후련하다.	싸울 수도 있다.
해결책 4:	_____	_____

개: 개선이 확실한 방법을 고르자

_____

다: 다루어졌는지 결과를 확인하자

_____

활동지 20 # 진.주.조.개.다. — 맛보기 2

우리가 일상에서 겪는 문제를 통해 진. 주. 조. 개. 다.를 연습해 봅시다.

진: 진짜 문제가 뭐지?

친구가 자꾸 내가 싫어하는 별명으로 나를 부른다.

주: 주도적으로 찾아보자, 해결책들을

해결책 1: 나도 그 친구가 싫어하는 별명으로 친구를 부른다.

해결책 2: 못 들은 척 무시한다.

해결책 3: _____

해결책 4: _____

조: 조사해보자, 장단점을

	장점	단점
해결책 1:	속이 후련하다.	친구와 사이가 나빠진다.
해결책 2:	친구가 재미없어서 그칠 수 있다.	내가 싫어하는 줄 몰라서 친구가 계속한다.
해결책 3:	_____	_____
해결책 4:	_____	_____

개: 개선이 확실한 방법을 고르자

_____

_____

다: 다루어졌는지 결과를 확인하자

_____

_____

활동지 21 # 진.주.조.개.다. — 맛보기 3

우리가 일상에서 겪는 문제를 통해 진. 주. 조. 개. 다.를 연습해 봅시다.

진: 진짜 문제가 뭐지?

친구들에게 주목/관심 받고 싶다.

주: 주도적으로 찾아보자, 해결책들을

해결책 1: 관심 끌 만한 행동을 한다.

해결책 2: _____

해결책 3: _____

해결책 4: _____

조: 조사해보자, 장단점을

	장점	단점
해결책 1:	친구들이 나를 새롭게 본다.	오히려 이상하게 비칠 수 있다.
해결책 2:		
해결책 3:		
해결책 4:		

개: 개선이 확실한 방법을 고르자

_____

다: 다루어졌는지 결과를 확인하자

_____

활동지 22 **진.주.조.개.다. — 재미있는 문제 해결하기**

진.주.조.개.다.를 적용하여 재미있는 문제를 해결해 봅시다.

진: 진짜 문제가 뭐지?

손 대지 않고 양말을 벗고 싶다.

주: 주도적으로 찾아보자, 해결책들을

해결책 1: _____

해결책 2: _____

해결책 3: _____

해결책 4: _____

조: 조사해보자, 장단점을

	장점	단점
해결책 1:	_____	_____
해결책 2:	_____	_____
해결책 3:	_____	_____
해결책 4:	_____	_____

개: 개선이 확실한 방법을 고르자

_____

다: 다루어졌는지 결과를 확인하자

_____

활동지 23   진.주.조.개.다. ― 나의 문제 해결하기

평소에 자주 겪는 문제에 진. 주. 조. 개. 다.를 적용해 봅시다.

진: 진짜 문제가 뭐지?

_____

주: 주도적으로 찾아보자, 해결책들을

해결책 1: _____

해결책 2: _____

해결책 3: _____

해결책 4: _____

조: 조사해보자, 장단점을

	장점	단점
해결책 1:	_____	_____
해결책 2:	_____	_____
해결책 3:	_____	_____
해결책 4:	_____	_____

개: 개선이 확실한 방법을 고르자

_____

다: 다루어졌는지 결과를 확인하자

_____

활동지 24 나는야 상담선생님 1

진. 주. 조. 개. 다.를 통해 친구의 문제를 해결해 봅시다.

진: 진짜 문제가 뭐지?

시험을 못 봤다고 아빠가 구박한다.

주: 주도적으로 찾아보자, 해결책들을

해결책 1: _____

해결책 2: _____

해결책 3: _____

해결책 4: _____

조: 조사해보자, 장단점을

	장점	단점
해결책 1:	_____	_____
해결책 2:	_____	_____
해결책 3:	_____	_____
해결책 4:	_____	_____

개: 개선이 확실한 방법을 고르자

_____

다: 다루어졌는지 결과를 확인하자

_____

활동지 25 나는야 상담선생님 2

진. 주. 조. 개. 다.를 통해 친구의 문제를 해결해 봅시다.

진: 진짜 문제가 뭐지?

친구랑 영화 보러 가려고 했는데 과외 때문에 못 간다고 한다.

주: 주도적으로 찾아보자, 해결책들을

해결책 1: _____

해결책 2: _____

해결책 3: _____

해결책 4: _____

조: 조사해보자, 장단점을

	장점	단점
해결책 1:	_____	_____
해결책 2:	_____	_____
해결책 3:	_____	_____
해결책 4:	_____	_____

개: 개선이 확실한 방법을 고르자

_____

다: 다루어졌는지 결과를 확인하자

_____

활동지 26 **특별한 놀이**

평소 친해지고 싶었던 친구에게 초대장을 써 볼까요?

초 대 장

- 초대의 글

- 초대할 친구 이름

- 초대할 날짜, 시간

- 초대할 장소

- 같이 할 활동

활동지 27 ## 샌드위치 기법 1

'샌드위치 기법'은 자신의 필요나 기분을 효과적으로 전달하면서도 상대방을 배려하는 말하기 방법이랍니다. 우선 대화하려는 주제나 상대방의 좋은 점에 대해 이야기하세요. 그리고 자신의 기분이나 요구 사항 등 하고 싶었던 말을 한 뒤, 다시 한번 상대방이나 대화 주제가 된 일에 대해 긍정적인 면을 언급하면서 마무리하세요.

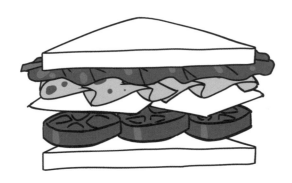

시호야, 나는 우리가 같은 모둠이 되어서 참 좋았어.
그런데 네가 모둠 활동에서 내가 너무 열심히 안 한다고 말하니까 속상하더라.
사실 나도 나름대로는 열심히 하고 있었거든.
우리가 서로 도와주면서 모둠 활동을 잘하게 되면 좋겠어.

- 식빵:

- 햄 등:

- 식빵:

활동지 28 샌드위치 기법 2

앞에서 배운 샌드위치 기법을 활용하여, 친구와의 갈등을 해결하는 연습을 해 봅시다.

친구와 어떤 갈등이 있었나요?

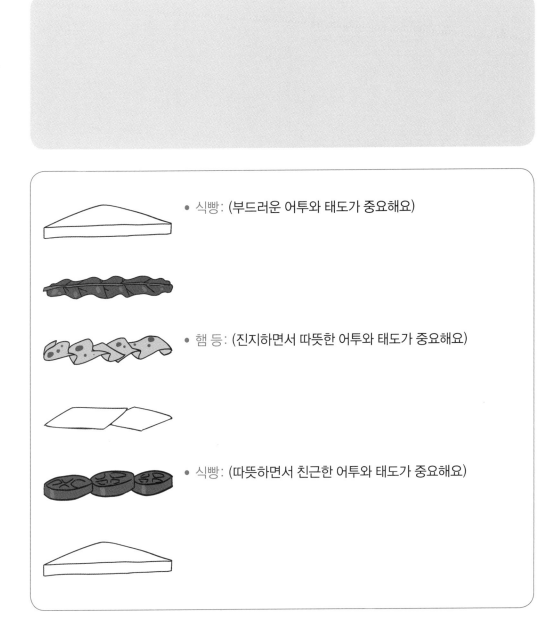

- 식빵: (부드러운 어투와 태도가 중요해요)

- 햄 등: (진지하면서 따뜻한 어투와 태도가 중요해요)

- 식빵: (따뜻하면서 친근한 어투와 태도가 중요해요)

날짜:　　　.　.　.　오늘의 기분:

활동지 29　나는 집중이

나는 언제 집중을 잘 하고, 언제 집중하지 못할까요?
'삐'소리가 난 순간 하던 일에 집중을 하고 있었다면 '집중 순간'에 체크 표시하고,
딴 생각을 했다면 '집중 하지 않는 순간'에 체크 표시를 해 봅니다.

시간	집중 순간	집중 하지 않는 순간	시간	집중 순간	집중 하지 않는 순간

활동지 30 집중의 자기말

집중하고 싶은데도 집중하기 어려울 때가 있지요?

집중이 안 된다고 느껴질 때, 다시 집중할 수 있도록 도와주는 말을 만들어 봅시다.

집중의 말 예시

- 집중이
- 여기
- 다시 집중
- 집중

내 스스로 만들 수 있는 있는 집중의 말은?

- _____
- _____
- _____

- _____
- _____
- _____

- _____
- _____
- _____

자신에게 힘을 주면서 집중할 수 있게 해주는 예시 문장

- 다시 집중해 보자
- 딴 생각을 하고 있었네, 다시 집중
- 할 수 있어, 다시 한번 시도해 보자
- 괜찮아, 괜찮아
- 산만 그만, 다시 집중

내 스스로 만들 수 있는 있는 집중을 도와주는 문장은?

- _____
- _____

- _____
- _____

- _____
- _____

43

활동지 31 꼬리에 꼬리를 무는 이야기

다른 사람이 만든 이야기를 잘 듣고, 여기에 덧붙여 이야기를 만들어 봅시다.
어떻게 이야기를 시작해야 할지 모르겠다면,
아래에 제시된 예시를 참고해도 좋아요.

이야기 시작 문구 예시

• "오늘 아침에 학교를 하면서 왠지 좋은 일이 생길 것 같은 느낌이 들었습니다."

• "아침에 일어나니 새소리가 들렸습니다."

• "학교에 가기 싫어하는 아이가 있었습니다."

• "엄마에게 혼이 났습니다."

• "오늘은 친구들 때문에 기분이 굉장히 좋아졌습니다"

• "등교하자마자 보건실에 갔습니다."

• "친구가 나에게 인사도 안하고 지나가 버렸습니다."

• "친구가 주말에 뭐하는지 물어봤습니다."

• "지나가는 길에 엄청 이쁜 고양이를 봤습니다."

• "편의점에서 불닭볶음면을 혼자 먹고 있었습니다."

• "친하지 않은 애가 축구 같이 하자고 했습니다."

• "반 애가 툭 치고 갔는데 사과도 안 했습니다."

• "여자애들이 자꾸 이래라저래라 잔소리를 했습니다."

활동지 32 **지금까지 ○○○ 기자였습니다**

오늘만큼은 기자가 되어 친구를 인터뷰해 봅시다.

내 친구의 이름은?	
내 친구의 학년과 반 번호는?	
내 친구의 취미는?	
내 친구가 잘하는 것은?	
내 친구가 좋아하는 것은 (음식/ 운동/ 동물/ ...)?	
내 친구의 꿈은?	
기타: 자유롭게 인터뷰 하기	

신나는 계산기

날짜: . . .

오늘의 기분:

여러 사람과 함께 활동하는 곳에는 언제나 규칙이 있답니다. 우리가 지켜야 할 규칙을 직접 정해 볼까요?

약속을 지켜요		/	/	/	/	/	/	/	/	/	/	/
1. 빠지지 않고 참석해요	나											
	선생님											
2. 적극적으로 생각과 기분을 말해요.	나											
	선생님											
3. 친구의 말을 잘 들어요.	나											
	선생님											
4.	나											
	선생님											
5.	나											
	선생님											
6.	나											
	선생님											

약속을 지켜요									
7.	나								
	선생님								
8.	나								
	선생님								
9.	나								
	선생님								
10.	나								
	선생님								
11.	나								
	선생님								
12.	나								
	선생님								

활동지 34 **참여 계약서**

여러 사람과 함께 활동하는 곳에는 언제나 규칙이 있답니다.

우리가 정한 규칙을 잘 지킬 수 있다는 마음으로 아래와 같은 계약서를 작성해 봅시다.

계약서를 쓰다보면 규칙을 잘 지키고 싶은 마음이 커질 거예요.

참여 계약서

나, _____는(은)

_____ 프로그램의 활동에 참여하는 동안

다음 사항들을 잘 기억하고 지킬 것을 약속합니다.

1. 활동이 진행되는 기간 동안

빠지지 않고 끝까지 참석하겠습니다.

(　　년　월　일 ~　　년　월　일, 총　　회)

2. 프로그램에서 정한 규칙을 지키겠습니다.

3. 나는 프로그램에서 진행되는 활동들에

열심히 참여하겠습니다.

　　　　　　　　　　　　　년　　　월　　　일

참여자:　　　　　　　(서명)

선생님:　　　　　　　(서명)

48

활동지 35 # 나만의 안내지도

지금까지 주의집중을 도와주는 여러 가지 기술을 배웠지요. 그렇지만 상담이 끝난 뒤에도 많은 어려움이 있을 거예요. 이때 상담 시간에 배운 기술을 사용해 볼 수 있겠지요. 언제 이런 기술이 필요할까요? 어떻게 활용해야 할까요?

상담에서 배운 기술이 필요할 때

상황 1	상황 2	상황 3

어떻게 할 수 있을까?

기본 작전	
구체적인 방법	

마음 행복 연습장 03

알록달록 빛나는 내 마음 키우기
부주의하고 산만한 아동을 위한 인지행동치료 프로그램 [워크북]

2023년 5월 31일 초판 1쇄 찍음
2024년 6월 3일 초판 2쇄 펴냄

지은이 강지현·도례미·어유경

책임편집 정용준
편집 임현규
디자인 김진운
본문조판 민들레
마케팅 김현주

펴낸이 윤철호
펴낸곳 ㈜사회평론아카데미
등록번호 2013-000247(2013년 8월 23일)
전화 02-326-1545
팩스 02-326-1626
주소 03993 서울특별시 마포구 월드컵북로6길 56
이메일 academy@sapyoung.com
홈페이지 www.sapyoung.com

ⓒ 강지현·도례미·어유경, 2023

ISBN 979-11-6707-108-8 93180

* 사전 동의 없는 무단 전재 및 복제를 금합니다.
* 잘못 만들어진 책은 바꾸어 드립니다.

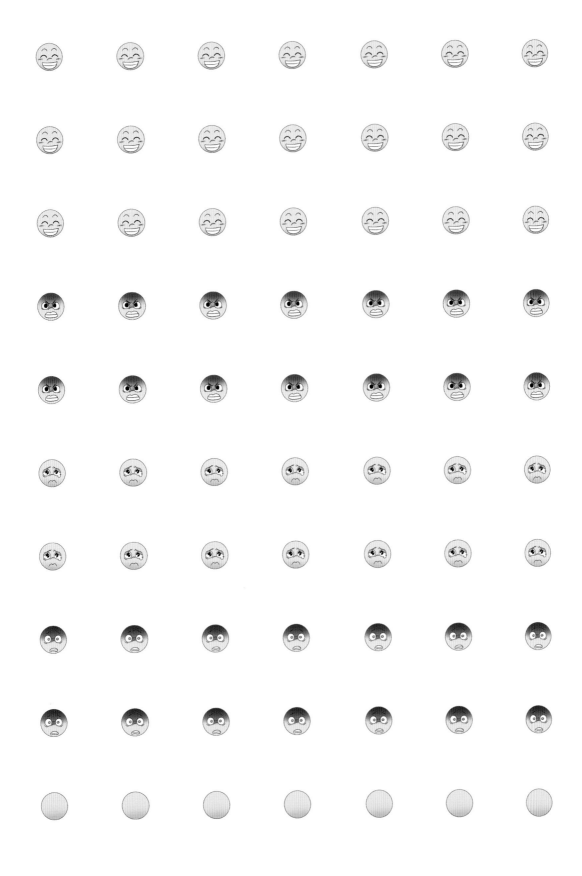

감격스러운	걱정되는
겁나는	고독한
고통스러운	괴로운
기쁜	긴장되는

난처한	놀란
답답한	당황한
두려운	만족한
무서운	미안한

미운	민망한
반가운	부끄러운
분노한	불만스러운
불안한	불쾌한

뿌듯한	상쾌한
서운한	섭섭한
설레는	소름끼치는
속상한	슬픈

신경질 나는	실망스러운
심심한	씁쓸한
아쉬운	얄미운
억울한	외로운

우울한	위축된
자랑스러운	자신감 있는
재미있는	절망적인
조급한	즐거운

지루한	짜릿한
짜증나는	찝찝한
초조한	평온한
행복한	혼란스러운

화난

황홀한

후회하는

흥분한

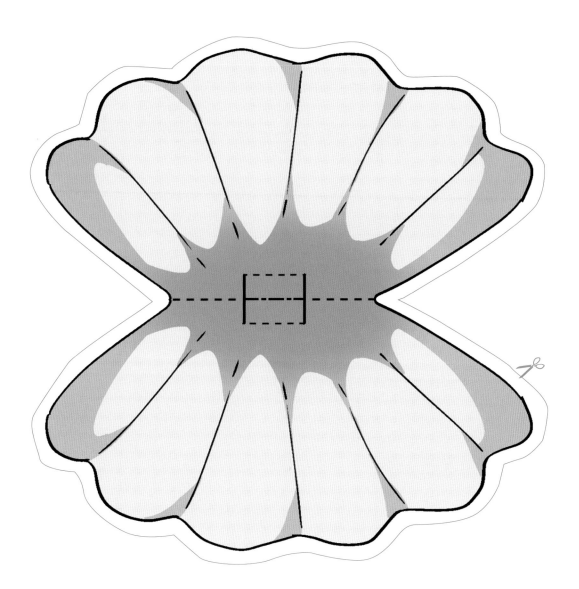

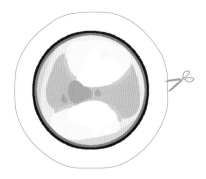

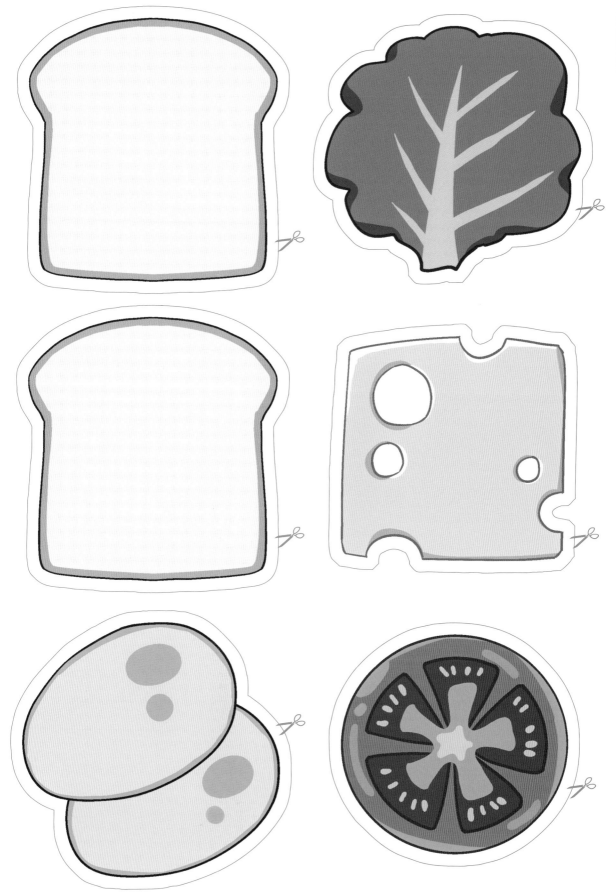